예쁜 손글씨에
아름다운 시를 더하다

손글씨 연습 | 필사 노트

예쁜 손글씨에
아름다운 시를 더하다

윤동주
김소월
정지용
권태응
김영랑
이육사
이상화
한용운

———————
손글씨 연습
필사 노트
———————

도서출판 큰그림

머리말

　시를 필사하는 시간이 당신에게는 어떻게 다가오게 될까요?

　시는 여러 감정을 끌어올리고, 조용한 가슴에 울림을 주고 창작의 힘을 길러 줍니다. 시를 필사하는 시간은 그냥 흘려보내는 시간이 아니라 단어와 단어 사이의 호흡과 문장의 의미를 알아가며 지금 내가 수십 년 전 천재 시인들의 속마음을 들여다보는 귀중한 시간이 됩니다. 지금 이 시대에 읽어도 그분들이 들려주는 이야기는 우리 마음의 울림통에 번개가 치듯 큰 감동을 줍니다.

　시를 필사하는 동안 손글씨 쓰는 연습은 덤입니다.

　정자체는 우리나라 명조체의 기본 서체로 천천히 따라 쓰는 연습을 하다 보면 한글 명조체의 매력이 어디서 시작되는지 알게 되고, 심경하체는 쉬워 보이는 명조체로 이후 이 서체의 디자인에 쉽게 적응하게 될 거예요. 이어서 연습하게 되는 늦봄체는 명조체에서 변형된 서체로 정사각형 칸 안에 명조체가 알맞게 들어가 있는 글씨 모양입니다. 늦봄체로 시를 연습한 후 이서윤체로 넘어가면 고딕 서체 같기도 하고 붓글씨체 같기도 한 귀엽고 예쁜 서체를 연습할 수 있습니다. 이때 이서윤체에서는 여러 가지 다양한 색의 볼펜 또는 수성펜으로 문장마다 색을 바꿔 가며 연습할 수 있도록 편집했습니다.

　4가지의 서체를 모두 익힌 후 나에게 제일 잘 어울리는 서체가 어느 것인지 택한 뒤 멋지게 편지지에 시 한 편을 적어 보세요. 처음 시작할 때와 다른 속도로 다른 필체로 필사하고 있는 달라진 모습이 기다리고 있을 거예요.

　시를 좋아하는 분, 그리고 자신의 글씨체를 새롭게 디자인해 보고 싶은 분들은 이 책이 도움이 될 것입니다.

기획 큰그림 편집부

목 차

머리말 — 5
이 책의 구성 — 10
손글씨 연습하기 좋은 펜 준비하기 — 12
윤동주 외 시인 — 13

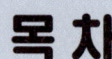
정자체

윤동주

참새 — 16
눈 — 18
빨래 — 20
반딧불 — 22
자화상 — 24
서시 — 26
새로운 길 — 28
편지 — 30
눈 감고 간다 — 32
풍경 — 34
별 헤는 밤 — 36
봄 — 38
소년 — 40

심경하체

김소월
- 예전엔 미처 몰랐어요 —— 44
- 개아미 —— 46
- 못 잊어 —— 48
- 먼 후일 —— 50
- 개여울 —— 52
- 진달래꽃 —— 54
- 나는 세상 모르고 살았노라 —— 56
- 눈물이 쉬루르 흘러납니다 —— 58
- 비단 안개 —— 60

정지용
- 별 —— 62
- 유리창 —— 64
- 향수 —— 66
- 이른 봄 아침 —— 70

늦봄체

권태응

도토리들	76
구름을 보고	78
겨울나무들	80
재밌는 집 이름	82
어린 보리싹	84

김영랑

꿈밭에 봄마음	86
오월	88
모란이 피기까지는	90
다정히도 불어오는 바람	92
돌담에 속삭이는 햇발	94
끝없는 강물이 흐르네	96
내 마음을 아실 이	98
눈물에 실려 가면	100

이서윤체

이육사
- 청포도 — 104
- 광야 — 106
- 교목 — 110

이상화
- 비 갠 아침 — 112
- 농촌의 집 — 114
- 어머니의 웃음 — 116

한용운
- 떠날 때의 님의 얼굴 — 118
- 님의 침묵 — 120
- 꿈 깨고서 — 124
- 후회 — 126

이 책의 구성

정자체로 윤동주 시 필사하기
심경하체로 김소월, 정지용 시 필사하기

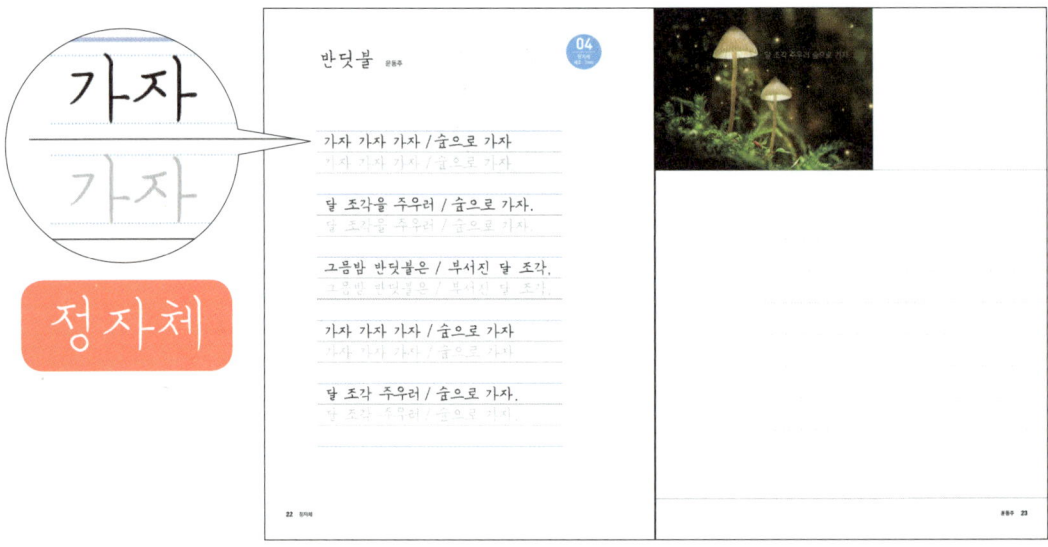

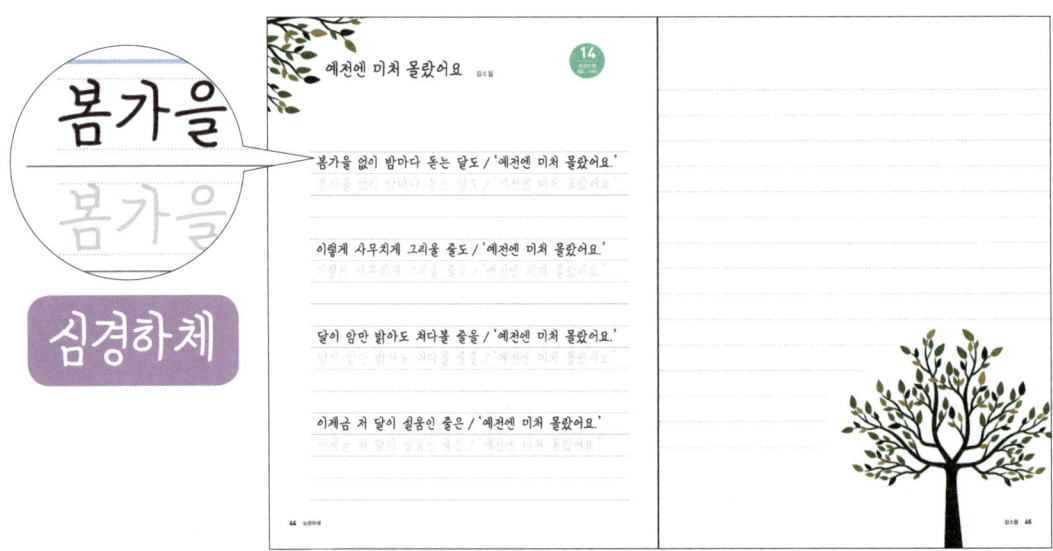

늦봄체로 권태응, 김영랑 시 필사하기
이서윤체로 이육사, 이상화, 한용운 시 필사하기

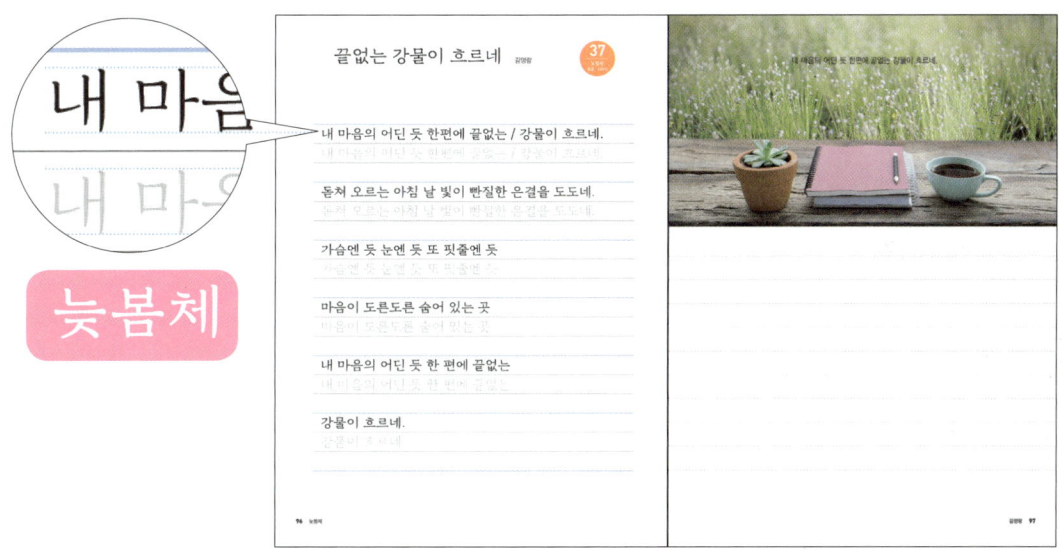

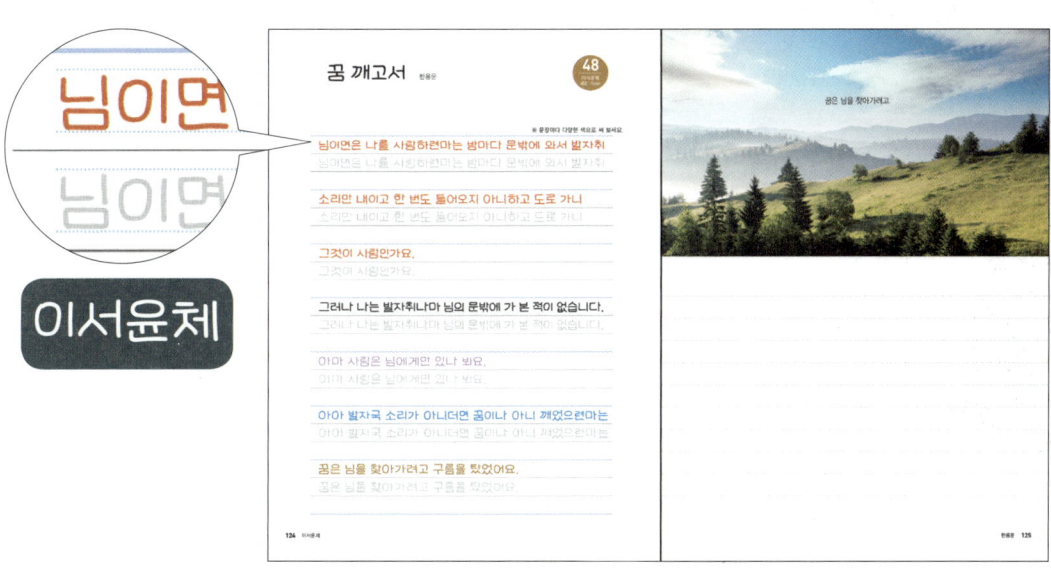

― 손글씨 연습하기 좋은 펜 준비하기

연필과 볼펜 등 연습하기 좋은 펜(검정색 추천)
다양한 색의 볼펜이나 수성펜

펜의 종류는 매우 다양합니다.
어느 서랍이든 열면 있는 다양한 연필,
샤프, 볼펜 그리고 사인펜, 수성펜,
젤펜, 라이너펜 그 외 굵은 심의 네임펜
등 책상 위와 서랍, 컴퓨터 마우스 옆에
늘 함께 놓여 있어요.
손글씨 연습할 때는 이 모든 펜이 좋습니다.
그러나 펜 굵기나 종이 용지에 따라 뒤쪽에
배어 나오지 않도록 펜을 골라 주면 좋아요.
연필과 샤프는 모두 연습하기 좋고요,
젤펜이나 라이너펜, 볼펜 등은
0.5mm 또는 0.7mm를 추천합니다.

윤동주: 시인(1917~1945). 북간도에서 출생, 연희 전문학교를 거쳐 일본에 유학한 후 1943년에 독립 운동의 혐의로 일본 경찰에 검거되어 규슈 후쿠오카 형무소에서 옥사하였다. 광복 후 그의 유고를 모은 시집 「하늘과 바람과 별과 시」가 발간되었다.

김소월: 시인(1902~1934). 본명은 정식(廷湜). 1922년에 「개벽」에 대표작 〈진달래꽃〉을 발표하였다. 민요적인 서정시를 썼으며 작품에 〈산유화(山有花)〉, 〈접동새〉 따위가 있고 시집 「진달래꽃」, 「소월 시집」 따위가 있다.

정지용 : 시인(1902~1950). 섬세하고 독특한 언어로 대상을 맑고 산뜻하게 묘사함으로써 한국 현대 시의 새로운 국면을 개척하였다. 저서에 시집 「백록담」, 「정지용 시집」, 산문집 「문학 독본」 따위가 있다.

권태응 : 시인 · 독립운동가(1918~1951). 어려서 조부에게 한문을 배웠고, 경성제일 공립고등학교 재학중 항일비밀결사단체에 가입하기도 했다. 일본으로 건너가 와세다 대학에 재학하던 중 염홍섭 등과 독서회를 조직했으며, 1938년 일본 경찰에 체포되었다. 폐결핵을 앓다가 한국 전쟁 때 병 악화로 별세하였다. 2005년에 대통령표창이 추서되었다. 대표작으로 동시 〈감자꽃〉이 있다.

김영랑 : 시인(1903~1950). 본명은 윤식(允植). 「시 문학」 동인으로 참여하였으며, 잘 다듬어진 언어로 한국적인 정서를 담은 서정시를 발표하여 순수 서정시의 새로운 경지를 개척하였다. 시집에 「영랑 시집」, 「영랑 시선(詩選)」 따위가 있다.

이육사 : 시인(1904~1944). 본명은 원록(源祿) · 활(活). 자는 태경(台卿). 1937년 윤곤강 등과 함께 동인지 「자오선(子午線)」을 발간하였다. 상징주의적이고도 웅혼한 시풍으로 일제 강점기 민족의 비극과 의지를 노래하였다. 민족 운동과 관련한 혐의로 체포되어 베이징 감옥에서 옥사하였다. 작품에 시집 「청포도」, 유고집 「육사 시집」이 있다.

이상화 : 시인(1901~1943). 호는 무량(無量) · 상화(尙火/想華) · 백아(白啞). 「백조(白潮)」 동인으로, 낭만적인 경향에서 출발하여 상징적인 서정시를 주로 썼다. 작품에 〈나의 침실로〉, 〈빼앗긴 들에도 봄은 오는가〉, 〈태양의 노래〉 따위가 있다.

한용운 : 승려 · 시인 · 독립운동가(1879~1944). 속명은 정옥(貞玉). 아명은 유천(裕天). 법호는 만해 (萬海/卍海). 용운은 법명. 3 · 1 운동 때의 민족 대표 33인 가운데 한 사람이다. 〈조선 독립의 서(書)〉 외에, 시집 「님의 침묵」, 소설 〈흑풍〉이 있고, 저서에 〈조선 불교 유신론〉 따위가 있다.

정자체 보기

덮어 주는 이불인가 봐

정자체 연습 ❶

덮어 주는 이불인가 봐

정자체 연습 ❷

정자체로
윤동주 시 필사하기

- 01 참새
- 02 눈
- 03 빨래
- 04 반딧불
- 05 자화상
- 06 서시
- 07 새로운 길
- 08 편지
- 09 눈 감고 간다
- 10 풍경
- 11 별 헤는 밤
- 12 봄
- 13 소년

참새 윤동주

가을 지난 마당은 하이얀 종이

참새들이 글씨를 공부하지요.

째액째액 입으로 받아 읽으며

두 발로는 글씨를 연습하지요.

하루 종일 글씨를 공부하여도

짹 자 한 자밖에는 더 못 쓰는걸.

눈

윤동주

지난밤에

눈이 소오복이 왔네

지붕이랑 / 길이랑 밭이랑

추워한다고 / 덮어 주는 이불인가 봐

그러기에

추운 겨울에만 나리지

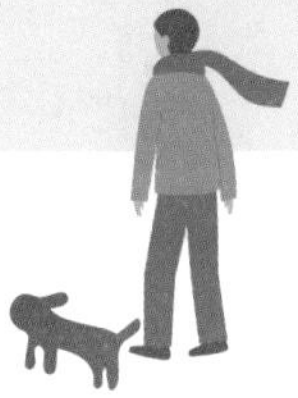

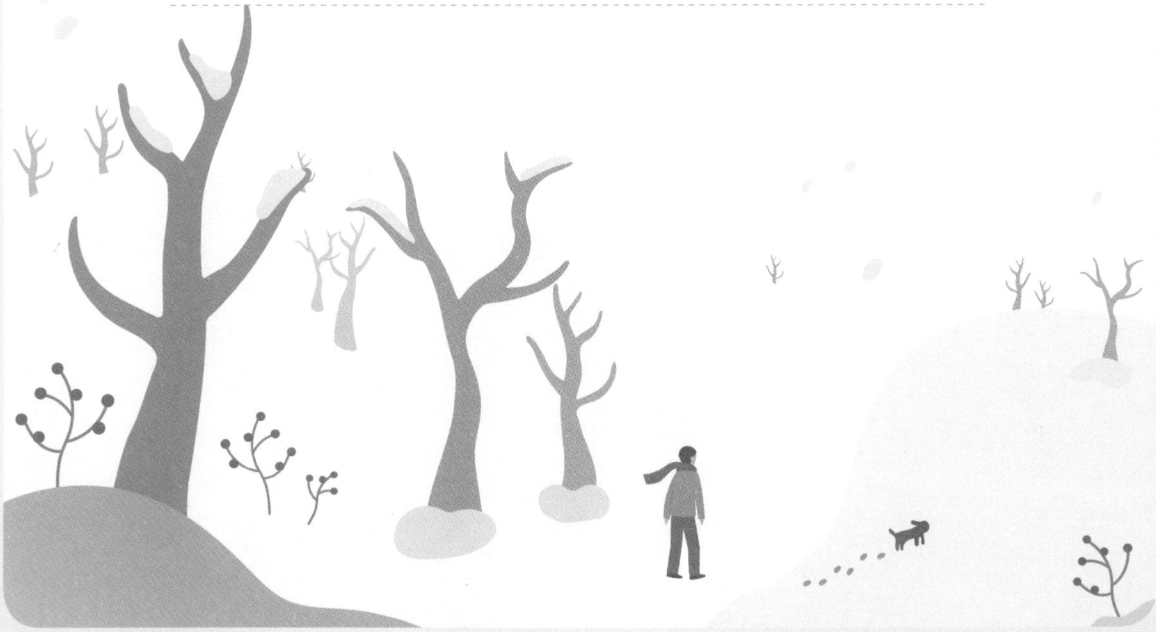

빨래 윤동주

빨랫줄에 두 다리를 드리우고

흰 빨래들이 귓속 이야기하는 오후,

쨍쨍한 칠월 햇발은 고요히도

아담한 빨래에만 달린다.

반딧불 윤동주

가자 가자 가자 / 숲으로 가자

달 조각을 주우러 / 숲으로 가자.

그믐밤 반딧불은 / 부서진 달 조각,

가자 가자 가자 / 숲으로 가자

달 조각 주우러 / 숲으로 가자.

달 조각 주우러 숲으로 가자

자화상

윤동주

산모퉁이를 돌아 논가 외딴 우물을 홀로 찾아가선

가만히 들여다봅니다. 우물 속에는 달이 밝고

구름이 흐르고 하늘이 펼치고 파아란 바람이 불고

가을이 있습니다. 그리고 한 사나이가 있습니다.

어쩐지 그 사나이가 미워져 돌아갑니다.

돌아가다 생각하니 그 사나이가 가엾어집니다.

도로 가 들여다보니 사나이는 그대로 있습니다.

다시 그 사나이가 미워져 돌아갑니다.

돌아가다 생각하니 그 사나이가 그리워집니다.

우물 속에는 달이 밝고 구름이 흐르고

하늘이 펼치고 파아란 바람이 불고 가을이 있고

추억처럼 사나이가 있습니다.

서시 윤동주

죽는 날까지 하늘을 우러러

한 점 부끄럼이 없기를,

잎새에 이는 바람에도 나는 괴로워했다.

별을 노래하는 마음으로

모든 죽어 가는 것을 사랑해야지

그리고 나한테 주어진 길을 / 걸어가야겠다.

오늘 밤에도 별이 바람에 스치운다.

새로운 길 윤동주

내를 건너서 숲으로 / 고개를 넘어서 마을로

어제도 가고 오늘도 갈 / 나의 길 새로운 길

민들레가 피고 까치가 날고

아가씨가 지나고 바람이 일고

나의 길은 언제나 새로운 길

오늘도…… 내일도……

내를 건너서 숲으로 / 고개를 넘어서 마을로

어제도 가고 오늘도 갈
나의 길 새로운 길

편지 윤동주

누나!

이 겨울에도 / 눈이 가득히 왔습니다.

흰 봉투에 / 눈을 한 줌 넣고

글씨도 쓰지 말고 / 우표도 붙이지 말고

말쑥하게 그대로 / 편지를 부칠까요?

누나 가신 나라엔 / 눈이 아니 온다기에.

눈 감고 간다 _{윤동주}

태양을 사모하는 아이들아

별을 사랑하는 아이들아

밤이 어두웠는데

눈 감고 가거라.

가진 바 씨앗을

뿌리면서 가거라.

발부리에 돌이 차이거든

감았던 눈을 와짝 떠라.

별을 사랑하는 아이들아

풍경 윤동주

봄바람 등진 초록빛 바다

쏟아질 듯 쏟아질 듯 위태롭다.

잔주름 치마폭의 두둥실거리는 물결은

오스라질 듯 한끝 경쾌롭다.

마스트 끝에 붉은 깃발이 / 여인의 머리칼처럼 나부낀다.

이 생생한 풍경을 앞세우며 뒤세우며 / 온 하루 거닐고 싶다.

— 우중충한 오월 하늘 아래로

— 바닷빛 포기포기에 수놓은 언덕으로.

잔주름 치마폭의 두둥실거리는 물결

별 헤는 밤 _{윤동주}

계절이 지나가는 하늘에는 / 가을로 가득 차 있습니다.

나는 아무 걱정도 없이 / 가을 속의 별들을 다 헤일 듯합니다.

가슴속에 하나 둘 새겨지는 별을 / 이제 다 못 헤는 것은

쉬이 아침이 오는 까닭이오, / 내일 밤이 남은 까닭이오,

아직 나의 청춘이 다하지 않은 까닭입니다.

별 하나에 추억과 / 별 하나에 사랑과 / 별 하나에 쓸쓸함과

별 하나에 동경과 / 별 하나에 시와

별 하나에 어머니, 어머니,

— 생략 —

별 하나에 추억과 별 하나에 사랑

— 생략 —

봄

윤동주

봄이 혈관 속에 시내처럼 흘러

돌, 돌, 시내 가까운 언덕에

개나리, 진달래, 노오란 배추꽃

삼동을 참아 온 나는

풀포기처럼 피어난다.

즐거운 종달새야

어느 이랑에서나 즐거웁게 솟쳐라.

푸르른 하늘은 / 아른아른 높기도 한데……

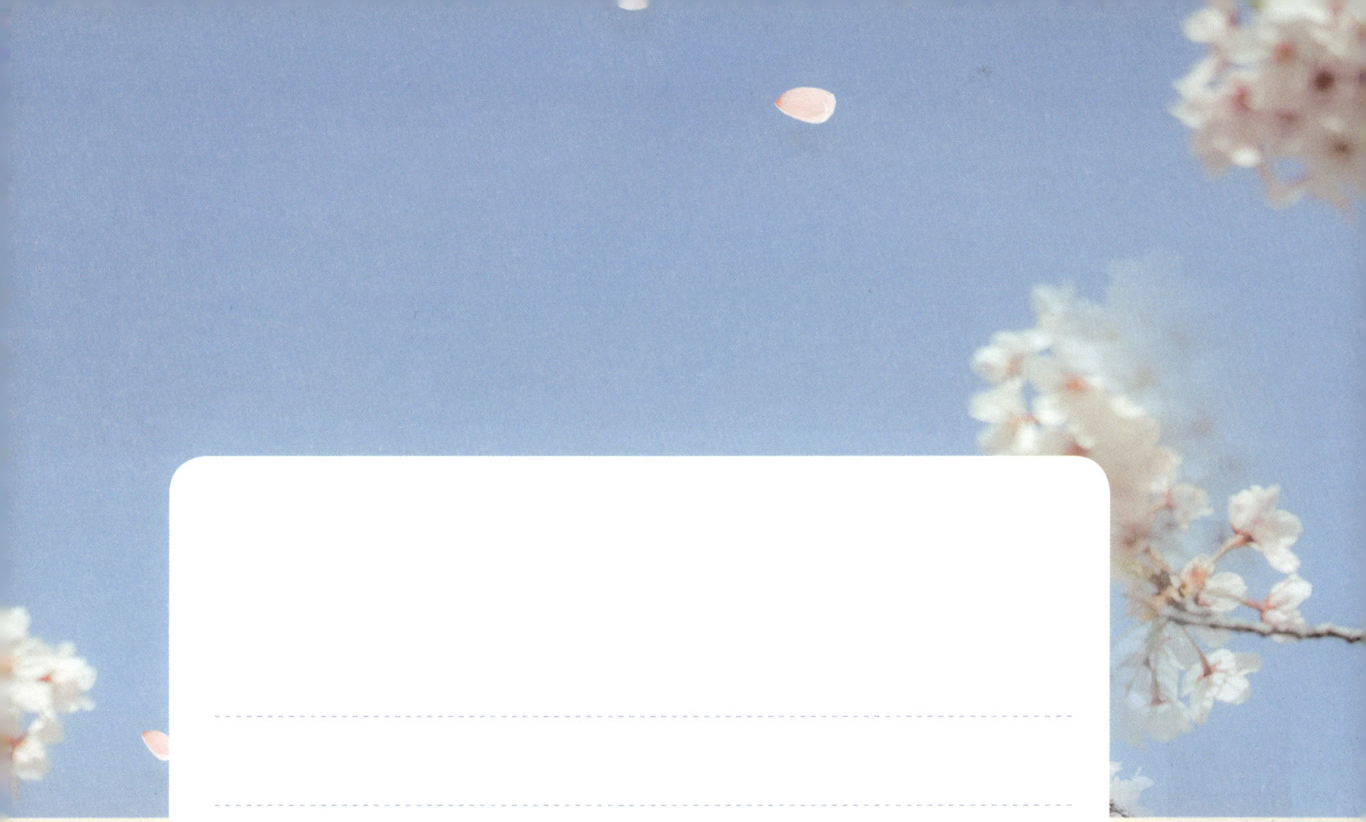

소년

윤동주

여기저기서 단풍잎 같은 슬픈 가을이 뚝뚝 떨어진다.

단풍잎 떨어져 나온 자리마다 봄을 마련해 놓고 나뭇

가지 위에 하늘이 펼쳐 있다. 가만히 하늘을 들여다

보려면 눈썹에 파란 물감이 든다. 두 손으로 따뜻한

볼을 쓸어 보면 손바닥에도 파란 물감이 묻어난다.

다시 손바닥을 들여다본다. 손금에는 맑은 강물이

흐르고, 맑은 강물이 흐르고, 강물 속에는 사랑처럼

슬픈 얼굴—아름다운 순이의 얼굴이 어린다. 소년은

황홀히 눈을 감아 본다. 그래도 맑은 강물은 흘러

사랑처럼 슬픈 얼굴—아름다운 순이의 얼굴은 어린다.

심경하체 보기

봄날의 한나절, 오늘 하루도

심경하체 연습 ❶

봄날의 한나절, 오늘 하루도

심경하체 연습 ❷

심경하체로
김소월·정지용 시 필사하기

14 예전엔 미처 몰랐어요   **23** 별
15 개아미   **24** 유리창
16 못 잊어   **25** 향수
17 먼 후일   **26** 이른 봄 아침
18 개여울
19 진달래꽃
20 나는 세상 모르고 살았노라
21 눈물이 쉬루르 흘러납니다
22 비단 안개

예전엔 미처 몰랐어요

김소월

봄가을 없이 밤마다 돋는 달도 / '예전엔 미처 몰랐어요.'

이렇게 사무치게 그리울 줄도 / '예전엔 미처 몰랐어요.'

달이 암만 밝아도 쳐다볼 줄을 / '예전엔 미처 몰랐어요.'

이제금 저 달이 설움인 줄은 / '예전엔 미처 몰랐어요.'

개아미   김소월

개아미는 경상북도에서 쓰는 '개미'의 방언입니다.

진달래꽃이 피고

바람은 버들가지에서 울 때,

개아미는

허리 가늣한 개아미는

봄날의 한나절, 오늘 하루도

고달피 부지런히 집을 지어라.

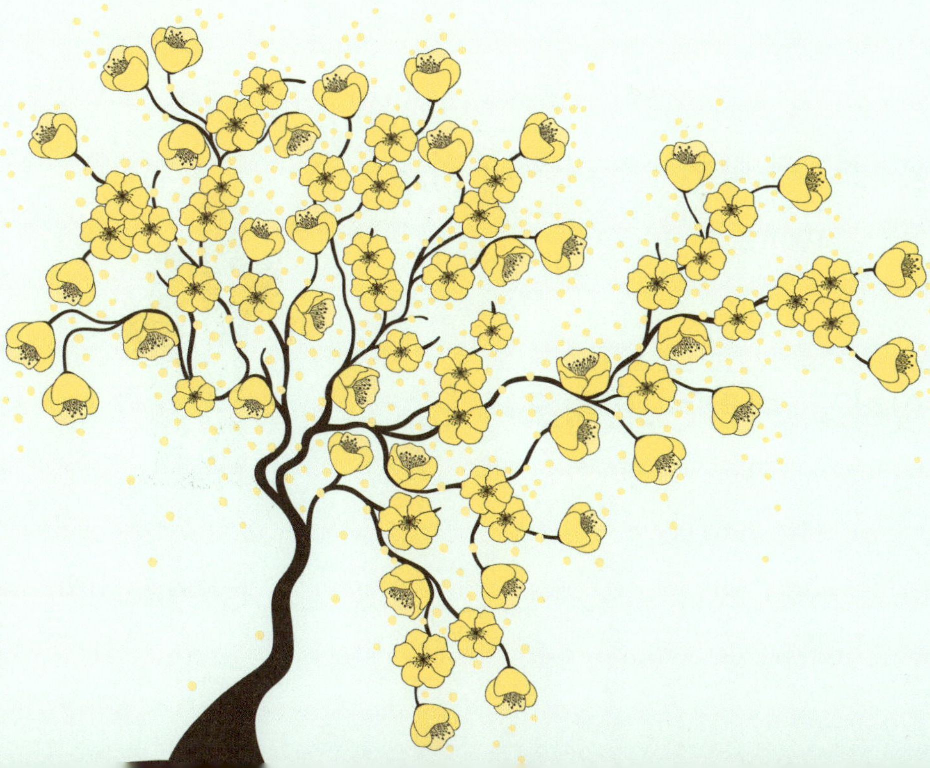

못 잊어 김소월

못 잊어 생각이 나겠지요,

그런대로 한세상 지내시구려,

사노라면 잊힐 날 있으리다.

못 잊어 생각이 나겠지요,

그런대로 세월만 가라시구려,

못 잊어도 더러는 잊히오리다.

그러나 또 한끝 이렇지요,

그리워 살뜰히 못 잊는데,

어쩌면 생각이 떠지나요?

먼 후일   김소월

먼 훗날 당신이 찾으시면 / 그때에 내 말이 '잊었노라'

먼 훗날 당신이 찾으시면 / 그때에 내 말이 '잊었노라'

당신이 속으로 나무라면 / '무척 그리다가 잊었노라'

당신이 속으로 나무라면 / '무척 그리다가 잊었노라'

그래도 당신이 나무라면 / '믿기지 않아서 잊었노라'

그래도 당신이 나무라면 / '믿기지 않아서 잊었노라'

오늘도 어제도 아니 잊고 / 먼 훗날 그때에 '잊었노라'

오늘도 어제도 아니 잊고 / 먼 훗날 그때에 '잊었노라'

개여울 김소월

당신은 무슨 일로 / 그리합니까?

홀로이 개여울에 주저앉아서

파릇한 풀포기가 / 돋아 나오고

잔물은 봄바람에 헤적일 때에

가도 아주 가지는 / 않노라시던

그러한 약속이 있었겠지요

날마다 개여울에 / 나와 앉아서

하염없이 무엇을 생각합니다

가도 아주 가지는 / 않노라심은

굳이 잊지 말라는 부탁인지요

진달래꽃 김소월

나 보기가 역겨워

가실 때에는

말없이 고이 보내드리우리다.

영변에 약산

진달래꽃

아름 따다 가실 길에 뿌리우리다.

가시는 걸음걸음

놓인 그 꽃을

사뿐히 즈려밟고 가시옵소서.

나 보기가 역겨워

가실 때에는

죽어도 아니 눈물 흘리우리다.

나는 세상 모르고 살았노라

김소월

'가고 오지 못한다'는 말을 / 철없던 내 귀로 들었노라.

만수산(萬壽山)을 나서서 / 옛날에 갈라선 그 내 님도

오늘날 뵈올 수 있었으면.

나는 세상 모르고 살았노라, / 고락(苦樂)에 겨운 입술로는

같은 말도 조금 더 영리하게 / 말하게도 지금은 되었건만.

오히려 세상 모르고 살았으면!

'돌아서면 무심타'는 말이 / 그 무슨 뜻인 줄을 알았으랴.

제석산(啼昔山) 붙는 불은 옛날에 갈라선 그 내 님의

무덤엣 풀이라도 태웠으면!

눈물이 쉬루르 흘러납니다

김소월

눈물이 쉬루르 흘러납니다.

당신이 하도 못 잊게 그리워서 / 그리 눈물이 쉬루르 흘러납니다.

잊히지도 않는 그 사람은 / 아주 나 내버린 것이 아닌데도,

눈물이 쉬루르 흘러납니다.

가뜩이나 설운 맘이 / 떠나지 못할 운에 떠난 것도 같아서

생각하면 눈물이 쉬루르 흘러납니다.

비단 안개

김소월

눈들이 비단 안개에 둘리울 때, / 그때는 차마 잊지 못할 때러라.

만나서 울던 때도 그런 날이오, / 그리워 미친 날도 그런 때러라.

눈들이 비단 안개에 둘리울 때, / 그때는 홀목숨은 못 살 때러라.

눈 풀리는 가지에 당치맛귀로 / 젊은 계집 목매고 달릴 때러라.

눈들이 비단 안개에 둘리울 때, / 그때는 종달새 숏을 때러라.

들에랴, 바다에랴, 하늘에서랴, / 아지 못할 무엇에 취할 때러라.

눈들이 비단 안개에 둘리울 때, / 그때는 차마 잊지 못할 때러라.

첫사랑 있던 때도 그런 날이오, / 영 이별 있던 날도 그런 때러라.

별 정지용

누워서 보는 별 하나는 / 진정 멀—고나.

누워서 보는 별 하나는 / 진정 멀—고나.

아스름 닫히려는 눈초리와 / 금실로 이은 듯 가깝기도 하고,

아스름 닫히려는 눈초리와 / 금실로 이은 듯 가깝기도 하고,

잠 살포시 깨인 한밤엔 / 창유리에 붙어서 엿보노라.

잠 살포시 깨인 한밤엔 / 창유리에 붙어서 엿보노라.

불현듯, 솟아나듯, / 불리울 듯, 맞아들일 듯,

불현듯, 솟아나듯, / 불리울 듯, 맞아들일 듯,

문득, 영혼 안에 외로운 불이 / 바람처럼 이는 회한에 피어오른다.

문득, 영혼 안에 외로운 불이 / 바람처럼 이는 회한에 피어오른다.

흰 자리옷 채로 일어나 / 가슴 위에 손을 여미다.

흰 자리옷 채로 일어나 / 가슴 위에 손을 여미다.

유리창 정지용

유리에 차고 슬픈 것이 어른거린다.

열없이 붙어서서 입김을 흐리우니

길들은 양 언 날개를 파닥거린다.

지우고 보고 지우고 보아도

새까만 밤이 밀려 나가고 밀려와 부딪치고,

물먹은 별이, 반짝, 보석처럼 박힌다.

밤에 홀로 유리를 닦는 것은

외로운 황홀한 심사이어니,

고운 폐혈관이 찢어진 채로

아아, 너는 산새처럼 날아갔구나!

향수 정지용

넓은 벌 동쪽 끝으로

옛이야기 지즐대는 실개천이 휘돌아 나가고,

얼룩빼기 황소가

해설피 금빛 게으른 울음을 우는 곳,

─그곳이 차마 꿈엔들 잊힐리야.

질화로에 재가 식어지면

비인 밭에 밤바람 소리 말을 달리고,

엷은 졸음에 겨운 늙으신 아버지가

짚베개를 돋아 고이시는 곳,

— 그곳이 차마 꿈엔들 잊힐리야.

흙에서 자란 내 마음

파아란 하늘 빛이 그리워

함부로 쏜 화살을 찾으려

풀섶 이슬에 함초롬 휘적시던 곳,

― 그곳이 차마 꿈엔들 잊힐리야.

전설 바다에 춤추는 밤물결 같은

검은 귀밑머리 날리는 어린 누이와

아무렇지도 않고 예쁠 것도 없는

사철 발 벗은 아내가

따가운 햇살을 등에 지고 이삭 줍던 곳,

― 그곳이 차마 꿈엔들 잊힐리야.

하늘에는 성근 별

알 수도 없는 모래성으로 발을 옮기고,

서리 까마귀 우지짖고 지나가는 초라한 지붕,

흐릿한 불빛에 돌아앉아 도란도란거리는 곳,

─그곳이 차마 꿈엔들 잊힐리야.

이른 봄 아침 정지용

귀에 설은 새소리가 새어 들어와

참한 은시계로 자근자근 얻어맞은 듯,

마음이 이일 저일 보살필 일로 갈라져,

수은방울처럼 동글동글 나동그라져,

춥기는 하고 진정 일어나기 싫어라.

쥐나 한 마리 훔켜잡을 듯이

미닫이를 살포 — 시 열고 보노니

사루마다 바람으론 오호! 추워라.

마른 새삼 넝쿨 사이사이로

빠알간 산새 새끼가 물레 북 드나들 듯.

사루마다는 '팬츠'의 일본어입니다.

새 새끼 와도 언어 수작을 능히 할까 싶어라.

날카롭고도 보드라운 마음씨가 파닥거리여.

새 새끼와 내가 하는 에스페란토는 휘파람이라.

새 새끼야, 한종일 날아가지 말고 울어나 다오,

오늘 아침에는 나이 어린 코끼리처럼 외로워라.

산봉우리—저쪽으로 돌린 프로필—

패랭이꽃 빛으로 볼그레하다,

씩 씩 뽑아 올라간, 밋밋하게

깎아 세운 대리석 기둥인 듯,

간덩이 같은 해가 이글거리는

아침 하늘을 일심으로 떠받치고 섰다,

봄바람이 허리띠처럼 휘이 감돌아서서

사알랑 사알랑 날러오노니,

새 새끼도 포르르 포르르 불려 왔구나.

늦봄체 보기

다정히도 불어오는 바람

늦봄체 연습 ❶

다정히도 불어오는 바람

늦봄체 연습 ❷

늦봄체로
권태응
김영랑
시
필사하기

27 도토리들
28 구름을 보고
29 겨울나무들
30 재밌는 집 이름
31 어린 보리싹

32 꿈밭에 봄마음
33 오월
34 모란이 피기까지는
35 다정히도 불어오는 바람
36 돌담에 속삭이는 햇발
37 끝없는 강물이 흐르네
38 내 마음을 아실 이
39 눈물에 실려 가면

도토리들 권태응

오롱종 매달린 도토리들,

바람에 우루루 떨어진다.

머리가 깨지면 어쩔라고

모자를 벗고서 내려오나.

날마다 우루루 도토리들

눈을 꼭 감고서 떨어진다.

아기네 동무와 놀고 싶어

무섭도 안 타고 내려온다.

구름을 보고   권태응

몽실몽실 피어나는

구름을 보고

할머니는 "저것이 모두 다 목화였으면"

포실포실 일어나는

구름을 보고

아기는 "저것이 모두 다 솜사탕이었으면"

할머니와 아기가

양지에 앉아

구름 보고 서로 각각 생각합니다.

권태응

겨울나무들 권태응

바람에게 옷들을 모두 뺏기고

발가숭이 서 있는 겨울나무들

추울 테면 추워라, 어디 해 보자.

서로 기운 돋우며 버티고 섰다.

까치들이 가여워 인사를 해도

들은 척도 안 하고 겨울나무들

두고 보자 두고 봐, 누가 이기나

봄의 꿈을 꾸면서 굳세게 섰다.

재밌는 집 이름

권태응

읍네서 시집오면 읍네댁

청주서 시집오면 청주댁

서울서 시집오면 서울댁

집집마다 재밌게 붙는 이름.

동네 중 제일로 가까운 건

동네 중 제일로 가까운 건

한동네서 잔치 지낸 한말댁.

한동네서 잔치 지낸 한말댁.

동네 중 제일 먼 건 북간도댁

동네 중 제일 먼 건 북간도댁

해방 통에 못 살고 되왔지요.

해방 통에 못 살고 되왔지요.

어린 보리싹

권태응

곡식을 다 걷어간 텅 빈 들판에

찬 바람 우수수 쓸쓸도 한데

뾰족뾰족 새파란 어린 보리싹

햇볕 쬐며 소곤소곤 의논이지요

닥쳐오는 겨울을 추운 겨울을

그 어떻게 견딜까 이겨 나갈까?

까마귀도 밭고랑에 모여 앉아서

서로 같이 근심스레 의논이지요

꿈밭에 봄마음

김영랑

굽이진 돌담을 돌아서 돌아서

달이 흐른다 놀이 흐른다

하이얀 그림자

은실을 즈르르 몰아서

꿈밭에 봄마음 가고 가고 또 간다

오월 김영랑

들길은 마을에 들자 붉어지고

마을 골목은 들로 내려서자 푸르러졌다.

바람은 넘실 천 이랑 만 이랑

이랑 이랑 햇빛이 갈라지고

보리도 허리통이 부끄럽게 드러났다.

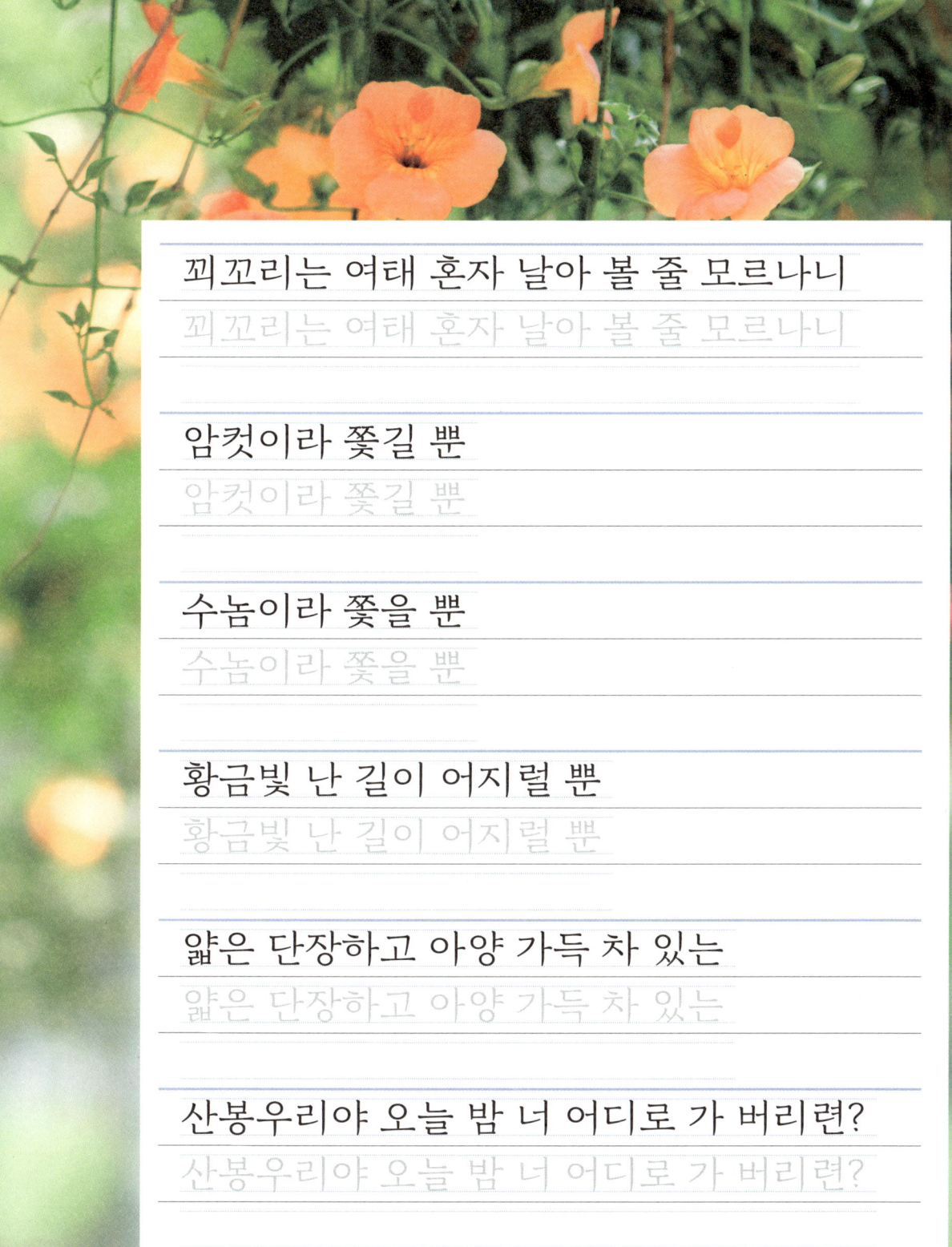

꾀꼬리는 여태 혼자 날아 볼 줄 모르나니

암컷이라 쫓길 뿐

수놈이라 쫓을 뿐

황금빛 난 길이 어지럴 뿐

얇은 단장하고 아양 가득 차 있는

산봉우리야 오늘 밤 너 어디로 가 버리련?

모란이 피기까지는 김영랑

모란이 피기까지는

나는 아직 나의 봄을 기다리고 있을 테요

모란이 뚝뚝 떨어져 버린 날

나는 비로소 봄을 여읜 설움에 잠길 테요

5월 어느 날 그 하루 무덥던 날

떨어져 누운 꽃잎마저 시들어 버리고는

천지에 모란은 자취도 없어지고

뻗쳐오르던 내 보람 서운케 무너졌느니

모란이 지고 말면 그뿐, 내 한 해는 다 가고 말아

삼백 예순 날 하냥 섭섭해 우옵네다

모란이 피기까지는 / 나는 아직 기다리고 있을 테요

찬란한 슬픔의 봄을

다정히도 불어오는 바람 김영랑

다정히도 불어오는 바람이길래

내 숨결 가볍게 실어 보냈지

하늘가를 스치고 휘도는 바람

어이면 한숨을 몰아다 주오

돌담에 속삭이는 햇발 김영랑

돌담에 속삭이는 햇발같이

풀 아래 웃음짓는 샘물같이

내 마음 고요히 고운 봄 길 위에

오늘 하루 하늘을 우러르고 싶다

새악시 볼에 떠오는 부끄럼같이

시의 가슴 살포시 젖는 물결같이

보드레한 에메랄드 얇게 흐르는

실비단 하늘을 바라보고 싶다

끝없는 강물이 흐르네 김영랑

내 마음의 어딘 듯 한편에 끝없는 / 강물이 흐르네.

돋쳐 오르는 아침 날빛이 빤질한 / 은결을 도도네.

가슴엔 듯 눈엔 듯 또 핏줄엔 듯

마음이 도른도른 숨어 있는 곳

내 마음의 어딘 듯 한 편에 끝없는

강물이 흐르네.

내 마음의 어딘 듯 한편에 끝없는 강물이 흐르네.

내 마음을 아실 이 김영랑

내 마음을 아실 이

내 혼자 마음 날같이 아실 이

그래도 어데나 계실 것이면

내 마음에 때때로 어리우는 티끌과

속임 없는 눈물의 간곡한 방울방울

푸른 밤 고이 맺는 이슬 같은 보람을

보밴 듯 감추었다 내어 드리지

아! 그립다

내 혼자 마음 날같이 아실 이

꿈에나 아득히 보이는가

향 맑은 옥돌에 불이 달아

사랑은 타기도 하오련만

불빛에 연긴 듯 희미론 마음은

사랑도 모르리 내 혼자 마음은

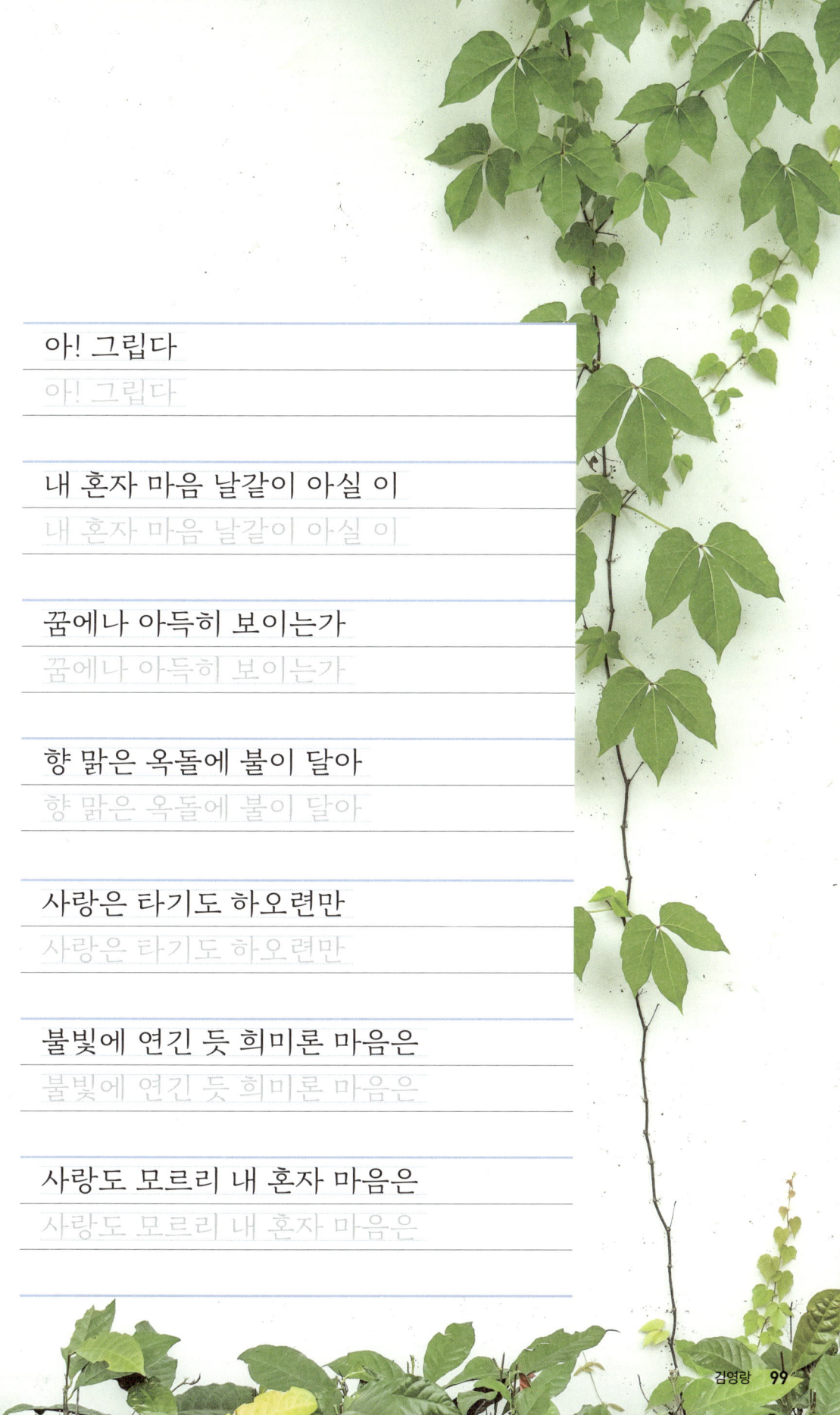

눈물에 실려 가면 김영랑

눈물에 실려 가면 산길로 칠십 리

돌아보니 찬 바람 무덤에 몰리네

서울이 천 리로다 멀기도 하련만

눈물에 실려 가면 한 걸음 한 걸음

뱃장 위에 부은 발 쉬일까 보다

달빛으로 눈물을 말릴까 보다

고요한 바다 위로 노래가 떠간다

설움도 부끄러워 노래가 노래가

이서윤체 보기

바로 볼 수가 없을 만치

이서윤체 연습 ❶ - 색도 화려하게 섞어서 써 보세요.

바로 볼 수가 없을 만치

이서윤체 연습 ❷ - 색도 화려하게 섞어서 써 보세요.

이서윤체로
이육사·이상화·한용운 시 필사하기

40 청포도
41 광야
42 교목
43 농촌의 집
44 비 갠 아침
45 어머니의 웃음
46 떠날 때의 님의 얼굴
47 님의 침묵
48 꿈 깨고서
49 후회

청포도
이육사

※ 여러 가지 색의 수성펜이나 다양한 펜으로 행마다 색을 다르게 써 보세요.

내 고장 칠월은

청포도가 익어 가는 시절

이 마을 전설이 주저리주저리 열리고

먼 데 하늘이 꿈꾸려 알알이 들어와 박혀

하늘 밑 푸른 바다가 가슴을 열고

흰 돛단배가 곱게 밀려서 오면

내가 바라는 손님은 고달픈 몸으로

내가 바라는 손님은 고달픈 몸으로

청포를 입고 찾아온다고 했으니

청포를 입고 찾아온다고 했으니

내 그를 맞아 이 포도를 따 먹으면

내 그를 맞아 이 포도를 따 먹으면

두 손은 함뿍 적셔도 좋으련

두 손은 함뿍 적셔도 좋으련

아이야 우리 식탁엔 은쟁반에

아이야 우리 식탁엔 은쟁반에

하이얀 모시 수건을 마련해 두렴

하이얀 모시 수건을 마련해 두렴

광야 이육사

※ 파란색 펜 또는 다른 색 펜으로 써 보세요.

까마득한 날에

하늘이 처음 열리고

어데 닭 우는 소리 들렸으랴

모든 산맥들이

바다를 연모해 휘달릴 때도

차마 이곳을 범하던 못하였으리라

끊임없는 광음을

부지런한 계절이 피여선 지고

큰 강물이 비로소 길을 열었다

지금 눈 나리고

매화 향기 홀로 아득하니

내 여기 가난한 노래의 씨를 뿌려라

다시 천고의 뒤에

백마 타고 오는 초인이 있어

이 광야에서 목놓아 부르게 하리라

교목 이육사

푸른 하늘에 닿을 듯이

푸른 하늘에 닿을 듯이

세월에 불타고 우뚝 남아 서서

세월에 불타고 우뚝 남아 서서

차라리 봄도 꽃피진 말아라

차라리 봄도 꽃피진 말아라

낡은 거미집 휘두르고

낡은 거미집 휘두르고

끝없는 꿈길에 혼자 설레이는

마음은 아예 뉘우침 아니라

검은 그림자 쓸쓸하면

마침내 호수 속 깊이 거꾸러져

차마 바람도 흔들진 못해라

비 갠 아침 이상화

※ 행마다 다양한 색으로 써 보세요.

밤이 새도록 퍼붓던 그 비도 그치고
밤이 새도록 퍼붓던 그 비도 그치고
동편 하늘이 이제야 불그레하다
동편 하늘이 이제야 불그레하다
기다리는 듯 고요한 이 땅 위로
기다리는 듯 고요한 이 땅 위로
해는 점잖게 돋아 오른다
해는 점잖게 돋아 오른다
눈부시는 이 땅
눈부시는 이 땅
아름다운 이 땅
아름다운 이 땅
내야 세상이 너무도 밝고 깨끗해서
내야 세상이 너무도 밝고 깨끗해서
발을 내밀기에 황송만 하다
발을 내밀기에 황송만 하다

해는 모든 것에서 젖을 주었나 보다
해는 모든 것에서 젖을 주었나 보다
동무여, 보아라
동무여, 보아라
우리의 앞뒤로 있는 모든 것이
우리의 앞뒤로 있는 모든 것이
햇살의 가닥가닥을 잡고 빨지 않느냐
햇살의 가닥가닥을 잡고 빨지 않느냐
이런 기쁨이 또 있으랴
이런 기쁨이 또 있으랴
이런 좋은 일이 또 있으랴
이런 좋은 일이 또 있으랴
이 땅은 사랑 뭉텅이 같구나
이 땅은 사랑 뭉텅이 같구나
아, 오늘도 우리 목숨은 복스러워도 보인다
아, 오늘도 우리 목숨은 복스러워도 보인다

농촌의 집   이상화

아버지는 지게 지고 논밭으로 가고요,

어머니는 광지 이고 시냇가로 갔어요.

자장자장 울지 마라 나의 동생아.

네가 울면 나 혼자서 어찌하라고

해가 져도 어머니는 왜 오시지 않나.

귀한 동생 배고파서 울기만 합니다.

자장자장 울지 마라 나의 동생아.

저기 저기 돌아오나 마중 가 보자.

어머니의 웃음 이상화

날이 맛도록
온 데로 헤매노라.
나른한 몸으로도
시들푼 맘으로도
어둔 부엌에,
밥 짓는 어머니의
나보고 웃는 빙그레 웃음!
내 어려 젖 먹을 때
무릎 위에다,
나를 고이 안고서
늙음조차 모르던
그 웃음을 아직도
보는가 하니
외로움의 조금이
사라지고, 거기서
가는 기쁨이 비로소 온다.

떠날 때의 님의 얼굴

한용운

※ 보라색 또는 다른 다양한 색으로 써 보세요.

꽃은 떨어지는 향기가 아름답습니다.

해는 지는 빛이 곱습니다.

노래는 목마친 가락이 묘합니다.

님은 떠날 때의 얼굴이 더욱 어여쁩니다.

떠나신 뒤에 나의 환상의 눈에 비치는 님의

얼굴은 눈물이 없는 눈으로는 바로 볼 수가

없을 만치 어여쁠 것입니다.

님의 떠날 때의 어여쁜 얼굴을 나의 눈에 새기겠
습니다.

님의 얼굴은 나를 울리기에는 너무도 야속한 듯

하지마는, 님을 사랑하기 위하여는 나의 마음을

즐겁게 할 수가 없습니다.

만일 그 어여쁜 얼굴이 영원히 나의 눈을 떠난다면,

그때의 슬픔은 우는 것보다도 아프겠습니다.

님의 침묵 한용운

님은 갔습니다. 아아, 사랑하는 나의 님은 갔습니다.

푸른 산빛을 깨치고 단풍나무 숲을 향하여 난 작은

길을 걸어서 차마 떨치고 갔습니다.

황금의 꽃같이 굳고 빛나던 옛 맹세는 차디찬 티끌이

되어서 한숨의 미풍에 날아갔습니다.

날카로운 첫 키스의 추억은 나의 운명의 지침을 돌려

놓고 뒷걸음쳐서 사라졌습니다.

나는 향기로운 님의 말소리에 귀먹고 꽃다운 님의

얼굴에 눈멀었습니다.

사랑도 사람의 일이라 만날 때에 미리 떠날 것을

염려하고 경계하지 아니한 것은 아니지만 이별은 뜻밖의

일이 되고 놀란 가슴은 새로운 슬픔에 터집니다.

그러나 이별을 쓸데없는 눈물의 원천을 만들고 마는

것은 스스로 사랑을 깨치는 것인 줄 아는 까닭에

걷잡을 수 없는 슬픔의 힘을 옮겨서 새 희망의

정수박이에 들어부었습니다.

우리는 만날 때에 떠날 것을 염려하는 것과 같이

떠날 때에 다시 만날 것을 믿습니다.

아아, 님은 갔지마는 나는 님을 보내지 아니하였습니다.

제 곡조를 못 이기는 사랑의 노래는 님의 침묵을 휩싸고

돕니다.

꿈 깨고서 한용운

※ 문장마다 다양한 색으로 써 보세요.

님이면은 나를 사랑하련마는 밤마다 문밖에 와서 발자취

소리만 내이고 한 번도 들어오지 아니하고 도로 가니

그것이 사랑인가요.

그러나 나는 발자취나마 님의 문밖에 가 본 적이 없습니다.

아마 사랑은 님에게만 있나 봐요.

아아 발자국 소리가 아니더면 꿈이나 아니 깨었으련마는

꿈은 님을 찾아가려고 구름을 탔었어요.

꿈은 님을 찾아가려고

후회 한용운

※ 문장마다 다양한 색으로 써 보세요.

당신이 계실 때에 알뜰한 사랑을 못하였습니다.

사랑보다 믿음이 많고 즐거움보다 조심이 더하였습니다.

게다가 나의 성격이 냉담하고 더구나 가난에 쫓겨서

병들어 누운 당신에게 도리어 소활하였습니다.

그러므로 당신이 가신 뒤에 떠난 근심보다 뉘우치는 눈물이

많았습니다.

사랑보다 믿음이 많고
즐거움보다 조심이 더하였습니다.

예쁜 손글씨에 아름다운 시를 더하다

초판 발행 · 2019년 3월 5일
개정 1쇄 발행 · 2022년 10월 20일
개정 3쇄 발행 · 2025년 4월 20일

지은이 윤동주 · 김소월 · 정지용 · 권태응 · 김영랑 · 이육사 · 이상화 · 한용운
기 획 편집부
펴낸이 이강실
펴낸곳 도서출판 큰그림
등 록 제2018-000090호
주 소 서울시 마포구 양화로 133 서교타워 1703호
전 화 02-849-5069
팩 스 02-6004-5970
이메일 big_picture_41@naver.com
교정 교열 김선미 | **인쇄와 제본** 미래피앤피

ISBN 979-11-90976-18-3 (13710)

가격 8,500원

- 잘못된 책은 구입한 서점에서 바꿔 드립니다.
- 이 책의 저작권은 도서출판 큰그림에 있으므로 실린 글과 그림을 무단으로 복사, 복제, 배포하는 것은 저작권자의 권리를 침해하는 것입니다.